En erhvervsorienteret bog/turistbrochure:

GEDSER FORSØGSMØLLE
- stammoder til vor tids vindmøller

Gedser Forsøgsmølle – stammoder til vor tids vindmøller

Forfattere: Gitte Ahrenkiel, Ove Jeppesen, Jytte Thorndahl, Brian Mikkelsen m.fl.
Udgivet af: www.gahrgalleri.dk /v. Gitte Ahrenkiel
Cover-fotos: Gitte Ahrenkiel, Energimuseet
Forlag: Books on Demand GmbH, København, Danmark
Fremstilling: Books on Demand GmbH, Norderstedt, Tyskland

ISBN: 9788771702279

For tilvejebringelse af værdifuldt materiale til brug i bogen en stor tak til:

Energimuseet, Bjerringbro

Gedser Lokalhistoriske Arkiv

Kulturministeriet

INDHOLDSFORTEGNELSE:

FORORD:

EN GOD IDÉ BEHØVER IKKE AT VÆRE SMUK

"Den der kommer først til mølle, får først malet." Ordsproget kender vi alle – og netop Gedser Forsøgsmølle er et af bedste eksempler på, at det betaler sig at være i front. Gerne helt forrest. Når Danmark i mange år har været førende inden for vindmølleteknologi, skyldes det ikke mindst det pionerarbejde, der tidligt blev udført i forbindelse med udviklingen af Gedsermøllen.

Tilbage i 1950erne havde ingen forestillet sig det enorme energibehov, som ville opstå som konsekvens af 1960ernes vækst. Men inspireret af krigens knaphed på alt fra mad til energi var den selvlærte elektroingeniør Johannes Juul forudseende – hvorfor ikke forsøge at udnytte den ressource, vi har allermest af: vind. Og Gedser Forsøgsmølle var da også - uagtet sin med nutidens øjne liden størrelse - verdens største af sin art, da den på baggrund af Johannes Juuls erfaringer fra tidligere forsøgsmøller blev opsat på det sydlige Falster tilbage i 1957.

Konstruktionen blev senere rost for sin fremsynethed og enkelthed, og principperne fra Gedsermøllen er blevet videreført i de moderne vindmøller – og betragtes derfor som "stammoder" for disse. Netop den uhyre simple og effektive måde at lave en stabil og driftssikker mølle på har sikret Gedser Forsøgsmølle en plads i "Kanon for håndværk og design". Det til trods for, at en ellers imponeret formand for det statslige britiske vindkraft-program under et studiebesøg på Gedser konstaterede: "Men De kunne nu godt lave den lidt smukkere Mr. Juul". Min ide med etableringen af en kanon var netop at få fokus på det bedste af det bedste. Og der hører Gedser Forsøgsmølle til.

Som bekendt er det ikke udseende, det kommer an på. Heller ikke når det gælder gode ideer. Derfor står Gedser Forsøgsmølle som en stærk illustration for danske skoleelever af, hvor langt man kan komme med originalitet kombineret med ihærdighed. Velkommen til. Verden venter på stærke eksperimenter.

Brian Mikkelsen
Medlem af Folketinget
Det Konservative Folkeparti
Fhv. minister

Brian Mikkelsen, MF
Økonomi- og erhvervsminister 23. febr.2010 - 3. okt. 2011.
Justitsminister 10. sep. 2008 - 23. feb. 2010.
Kulturminister 27. nov. 2001 til 10. sep. 2008.
Pressefoto – Folketinget, ft.dk

JOHANNES JUUL - VINDMØLLEPIONER

Fotogengivelse af maleri, der i juni 2014 gik tabt under en brand på Hotel Falster i Nykøbing F. Foto viser Johannes Juul flankeret til venstre af Gedsermøllen anno 1957 samt til højre møllen anno 2007. Foto samt portrætmaleri: gahr.

Johannes Juul (1887-1969) - dansk opfinder og vindmøllepioner.
Han blev udlært som landlig elektriker i 1904 på Askov Højskole, hvor Poul la Cour afholdt det første "vindelektriker" kursus. Johannes Juul blev i 1914 autoriseret el-installatør, og han drev selvstændig installatørvirksomhed i Køge fra 1915 – 1926.

I 1926 blev han ansat af elselskabet SEAS med den betingelse, at han skulle have lov til at foretage uafhængig forskning inden for de rammer, som SEAS kunne tilbyde ham.
I begyndelsen af 1930erne arbejdede han med at forbedre elektriske kogeapparater, det førte frem til opfindelsen af et egentligt lavvoltskomfur, som blev fabrikeret hos firmaet LK.

Hans opfindelse af bl.a. lavvoltskomfuret i 1934 gjorde, at han i 1940 blev optaget i Ingeniør Sammenslutningen og dermed kunne kalde sig ingeniør på trods af at han var selvlært.

Under Anden Verdenskrig opstod der forsyningsproblemer med kul og olie. Selv efter afslutningen på krigen var der stadig knaphed på disse ressourcer. Johannes Juul foreslog SEAS, at han begyndte at eksperimentere med el-genererende vindmøller.

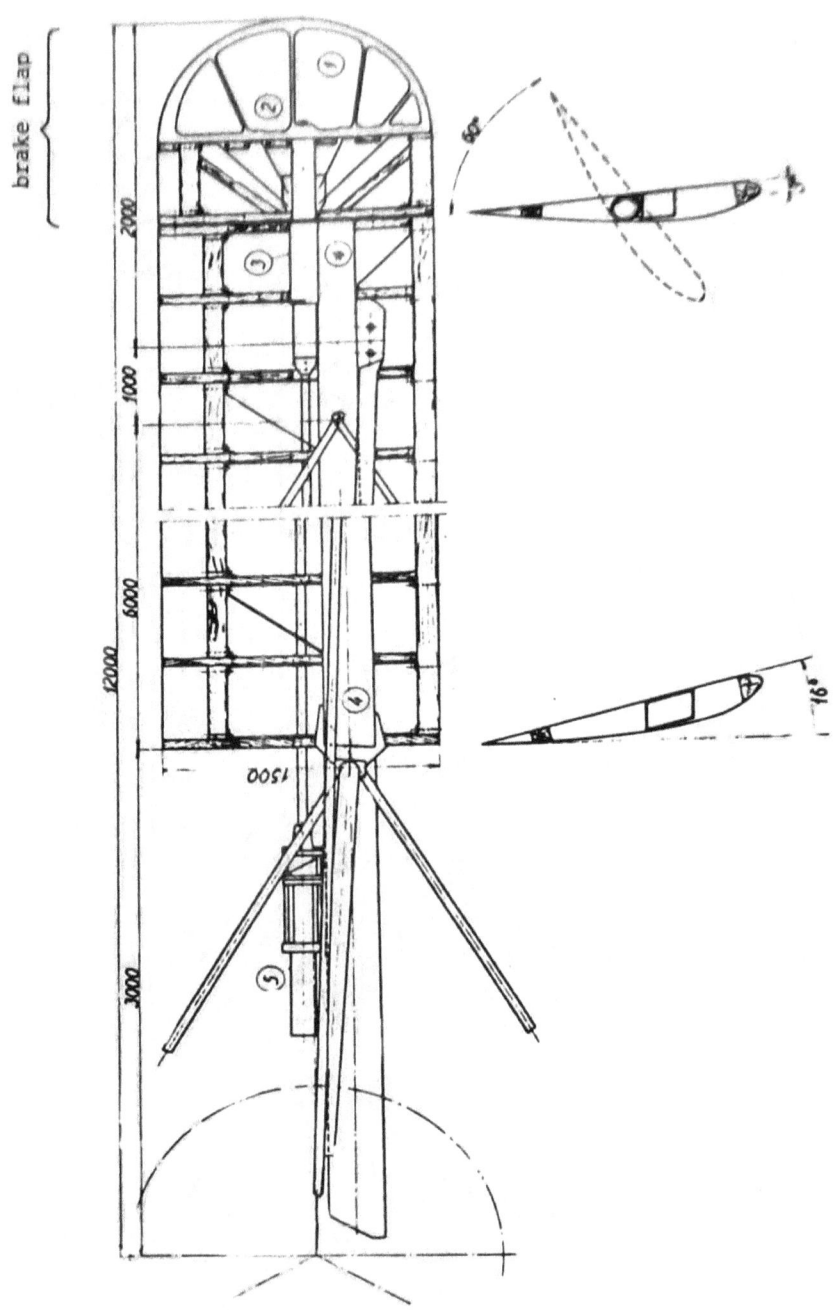

Hans forsøg viste blandt andet, at møllevinger med samme aerodynamiske form som flyvinger var langt mere effektive end vinger med samme form som flypropeller, som indtil da havde været anset som den optimale løsning.

Det første forsøgsmølle var en lille 15 kW-mølle med to vinger, som blev opført ved Vester Egesborg syd for Næstved. Møllen fungerede udmærket, men konstruktionen med to vinger var ustabil og gav for mange rystelser. Johannes Juul konkluderede derfor, at en rotor med tre vinger ville give større stabilitet.

Forsøgsmølle nr. 2 blev igangsat på Bogø, hvor SEAS havde overtaget en af krigstidens jævnstrøms Aeromotor-

7

møller. Møllen på Bogø fik opsat en vekselstrømsgenerator og tre nye vinger. Den var i drift fra 1952 til ind i 1960erne og præsterede på et enkelt år 90.000 kWh, dvs. tre gange så meget som den gamle Aeromotor, som den havde afløst.

På baggrund af Juuls erfaringer blev der i regi af Danske Elværkers Forening men under Juuls ledelse i 1957 færdigstillet en tredje forsøgsmølle ved Gedser på 200 kW generatoreffekt.

Gedser Forsøgsmølle blev finansieret af midler fra Marshall-hjælpen.

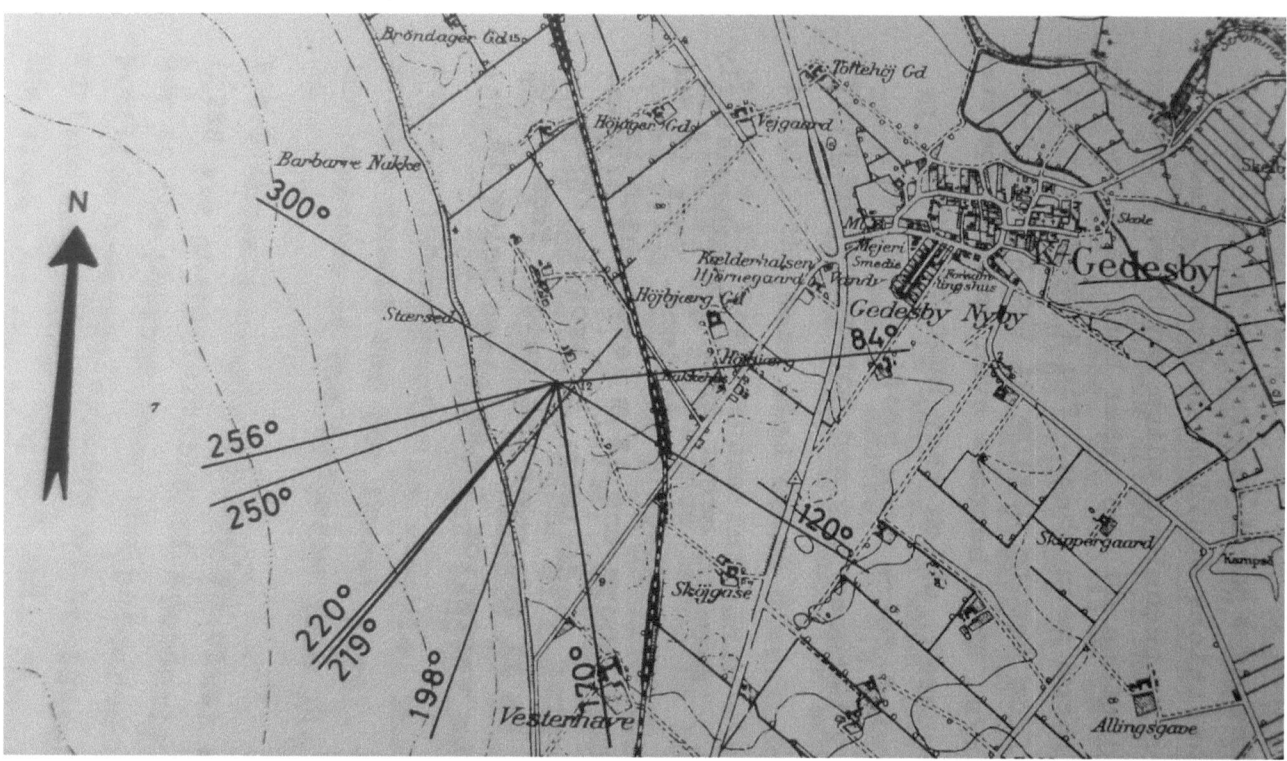

Gedser Forsøgsmølle blev opført på Korsagervej godt 200 meter fra Østersøen med frit udsyn hele horisonten rundt. Gedser er i lighed med den jyske vestkyst det mest vindblæste område i Danmark.
Kortet angiver vindretninger for valgte profileksempler. Kilde: Gedser Test Group's "Interim Report on the Measurement on the Gedser Wind Mill".

Gedser Forsøgsmølle på Korsagervej, nord for Gedser. Privatfoto.

Patenteret bremsesystem hindrer møllen i at løbe løbsk

Fra start var Gedser Forsøgsmølle stall-reguleret med nacellen placeret på toppen af et 25 meter højt beton-tårn.

Stall-reguleringen indebærer, at vindmøllens omdrejningshastighed kun øges op til en vis vindstyrke, hvorefter den holder samme hastighed uanset hvor meget mere vindhastigheden øges. En simpel og effektiv konstruktion til sikring af en stabil drift. Johannes Juul havde endvidere forsynet møllens tre vinger med luftbremser i vingetipperne, som klapper ud og stiller sig på tværs, hvis møllen truer med at løbe løbsk – et system han havde fået patent på i 1949.

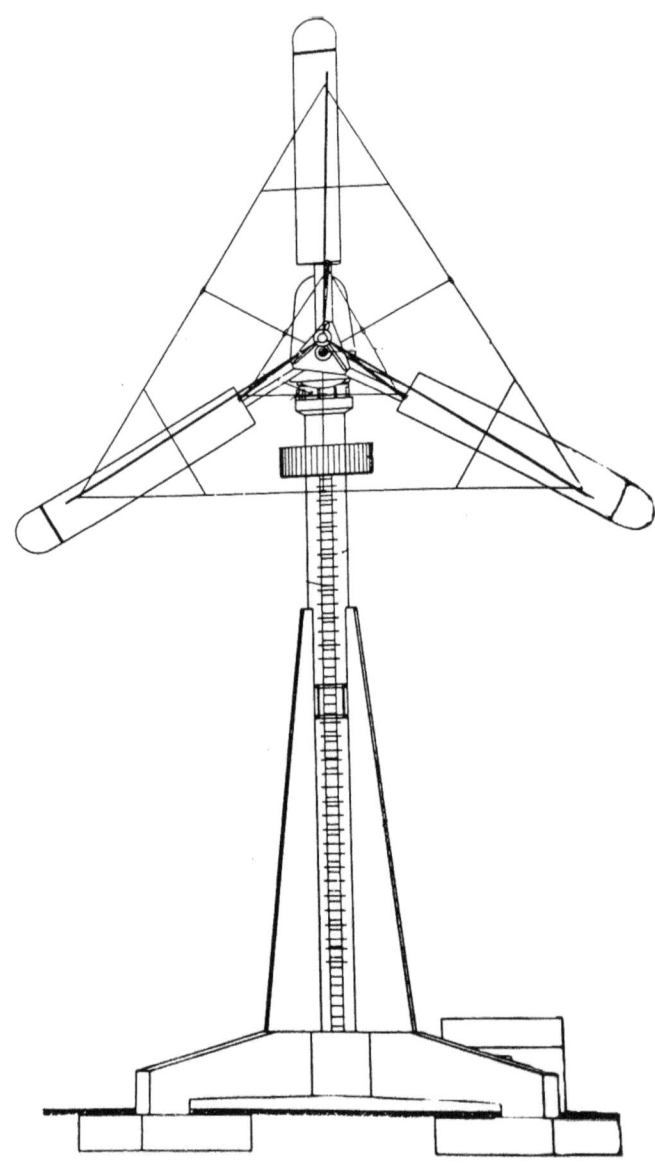

Illustration hentet fra Gedser Test Group's "Interim Report on the Measurement on the Gedser Wind Mill".

Gedser Forsøgsmølle producerede strøm via to vekselstrømsgeneratorer, som var koblet til møllens hovedakse med en gearkasse fra F.L. Smidth. Endelig havde Johannes Juul indbygget en elektrisk krøjemotor, som automatisk ville dreje møllethatten, så vingerne altid ville stå i den rette position i forhold til vindretningen.

Delegationer fra 23 lande valfarter til Gedser

Konstruktionen af Gedser Forsøgsmølle blev prototypen på det, der senere skulle gå sin sejrsgang verden over som **det danske møllekoncept**.

> "Gedsermøllen, som dengang var verdens største målt i effekt, vakte stor opsigt internationalt. Delegationer fra 23 lande besøgte over en årrække møllen for at studere dens design og principper. Fra Storbritannien kom formanden for det statslige vindkraftprogram med samtlige sine assistenter for at bese møllen. Han var imponeret.
> - Men De kunne nu godt lave den lidt smukkere, Mr. Juul, sagde han.
> - Alt, hvad der er funktionelt, er smukt, skulle Juul have svaret."

Kilde: Månedsmagasinet Naturlig Energi.
December 2013. 36. Årgang.

1962 - billig olie overflødiggør Gedser Forsøgsmølle

I 1962 konkluderede Vindkraftudvalget under Danske Elværkers Forening, at det pga. den billige olie ikke var rentabelt at producere elektricitet ved vindmøller. Gedser Forsøgsmølle fortsatte dog med at køre indtil 1967, hvor gearkassen havarerede. Den havde da kørt i ti år og stod som indehaver af den uofficielle verdensrekord i uafbrudt drift for en elproducerende mølle. Den opnåede i rekordåret 1964 at producere 367.000 kWh.

USA GENOPLIVER GEDSER FORSØGSMØLLE

Under energikrisen i 1970erne blev møllen med bl.a. tilskud fra NASA, den amerikanske energi-forskningsorganisation (ERDA) samt Department of Energy, USA (DOE) renoveret i 1977. Et nyt 2-årigt måleprogram blev igangsat for at undersøge teknologien bag Gedsermøllen, da de oprindelige notater, der lå til grund for dens specifikationer, var gået tabt.

I 1975 opførte NASA sin første forsøgsmølle, en to-vinget, i Sandusky, Ohio. Vingerne var produceret i aluminium af Lockheed. Tidlig test afslørede strukturelle problemer omkring vingeroden.
Foto: Martin Brown. Public Domain. Wikipedia.org.

Folketidende, 08.09.1976:

Brand for tredje gang omkring Gedser mølle

For tredje gang på mindre end en uge udbrød der i går brand omkring vindmøllen i Gedser. Det var gnister fra smedenes svejseapparatur, der antændte græsset og læhegnet rundt om møllen. Det vanskelige arbejde med at nedtage vingerne, blev en smule forsinket, men det forventes, at de bliver nedtaget i dag.

Folketidende, 09.09.1976:

Vingerne fjernes

En stor kran har de seneste par dage arbejdet med
at fjerne vingerne på vindmøllen ved Gedesby.
Bagefter skal møllens maskinhus fjernes,
for at man kan se, om det lader sig gøre at istandsætte
delene. Hvis det er økonomisk forsvarligt at gøre det, vil
der senere blive gennemført forsøg med vindmøllen for at
undersøge dens muligheder for udnyttelse af vind-energi.

Folketidende, 05.10.1976:

Vindmølle-reparation

Bliver dyrt, men ikke så meget som frygtet

(...) De undersøgelser, man indtil nu har foretaget af vinger og maskinhus, viser, at en istandsættelse ligger mellem 250.000 og 500.000 kroner. Og det er mindre, end man havde anslået. Det er dog ikke ensbetydende med, at der gennemføres en istandsættelse, så møllen atter kommer i drift. Det er Danske Elværkers Forenings Udredningsafdeling og den amerikanske rumfartsorganisation NASA, der arbejder med undersøgelsen af møllen.

Ingeniøren, 17.10.1976:

Amerika viser stor interesse for vindmøllen

*(Gedser)*møllen har vakt interesse i USA, dels fordi den er enkel og robust i sin konstruktion, dels fordi den med betontårn og tre vinger er forskellig fra de typer vindmøller, der arbejdes med i USA. I USA bruger man møller med gittermast og kun to vinger.

Ny Dag, 26.04.1977:

Tager til USA for at drøfte møllen i Gedser

I næste uge rejser ingeniør Mogens Johansson fra Danske Elværkers Udredningsafdeling sammen med projektleder Vagn Rasmussen fra SEAS, til USA for at drøfte vindkraft. (..) Der er nu givet grønt lys for Projekt Gedser Vindmølle. (...) Den danske stat har foreløbig bevilget 11,2 mill. kroner til at få et vindmølleprojekt op at stå. De danske elværker har skudt 3 mill. kroner ind i puljen.

Ny Dag, 24.09.197

Nye kæmpe-møllevinger på el-møllen ved Gedser

(..) Den amerikanske energiforskningsorganisation (ERDA) er inde i arbejdet og betaler en god del af udgifterne ved møllens reetablering.

Foto viser kæmpemæssige nav og tandhjul på nært hold.

14

Folketidende, 11.11.1977

Måleprogrammet ved vindmølle er indledt

(..) "Gedser Test Group", der er en projektgruppe bestående af repræsentan-
ter for Risø, Skibsteknisk Laboratorium og Danmarks Tekniske Højskoles
afdeling for bærende konstruktioner, forestår gennemførelsen af måle-
programmet, mens den daglige drift forestås af SEAS.

Den ene af møllens tre vinger er forsynet med en masse små strimler, hvis
bevægelser skal vise luftens påvirkning på bagsiden af vingen.
(Foto: Anders Knudsen)

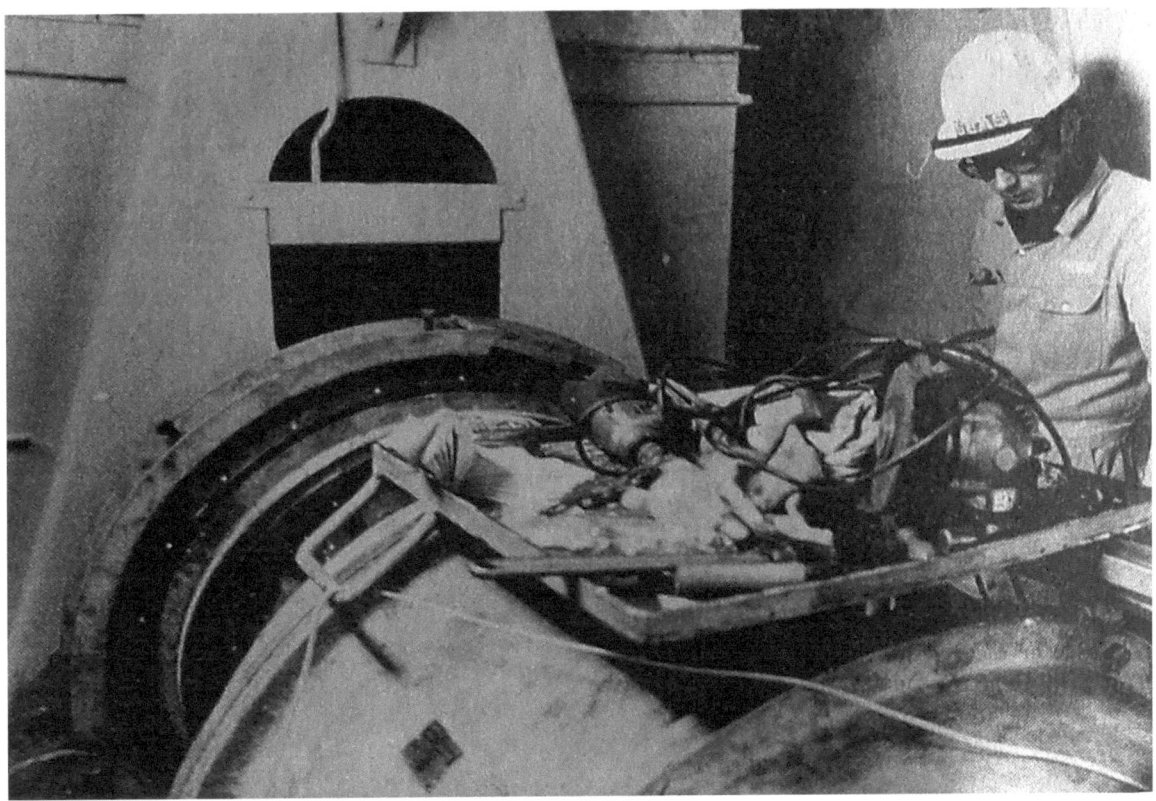

Generator og gearkasse er anbragt på toppen af møllen, hvor de her betragtes af Hans Schmidt fra
Sønderjyllands Maskinfabrik, der istandsætter de tekniske dele i møllen. (Foto: Anders Knudsen)

Folketidende, 26.5.1978:

Gedser Mølle vil male hele sommeren

(...) De målinger, som er indsamlet fra møllen, er omfattende. Først har man søgt konstateret, hvad der
produceres ved forskellige vindhastigheder, og det har været svært at måle. Så har man søgt at måle de
kræfter, vinger og mølle udsættes for, og endelig kigget på den elektriske kvalitet. Om der ville blive
"blink i lyset". (..) Herudover har der været foretaget nogle støjmålinger og en rapport forventes snart
klar. Den konstaterede støj i forskellige afstande er målt, og man har søgt at finde ud af, hvad der
forårsager støjen.

Sydfalster Nyt, 18.08.1978:

Vindmøllen i Gedser er ude af drift - (Kædegear brudt sammen)

Midt i november sidste år blev de første målinger på den nyistandsatte forsøgsmølle i Gedser foretaget. Dengang regnede man med et ca. halvanden års forsøgsprogram, men nu ser det ud til, at det vil strække sig over længere tid, idet et kædegear er brudt sammen af det store pres. Man forventer, at møllen vil være klar igen til oktober, hvor efterårsstormene sætter ind.

Gearet, der er gået i stykker, forbinder vingerne med vekselstrømsgeneratoren, som leverer strømmen til forsyningsnettet. Det nye gear bliver af en anden type og omkostningerne, som kommer til at ligge på omkring 150.000 kroner, vil blive dækket af Danske Elværkers Forenings Udredningsafdeling og den amerikanske energiforskningsstyrelse ERDA.

Ny Dag, 13.10.1978:

Vindmøllen i Gedser er klar igen

Vindmøllen i Gedser, der havarerede i august, er ved at være klar igen til energimålingsforsøgene, som de danske elværker driver i samarbejde med amerikanerne. Møllen har fået monteret en ny type gear, efter at de gamle kædegear, der har været installeret siden møllens start, gik i stykker i sommer.

I går var man ved at lægge sidste hånd på monteringen af det nye gear, og så er vindmøllen klar til den sidste serie forsøg, der gælder målinger af møllens kapacitet i stærk blæst – som efteråret formodentlig bringer med sig – samt møllens reaktioner på forskellige vindretninger.

Ny Dag, 06.04.1979:

Værdifulde målinger ved prøvedrift på Gedser-møllen:

Den giver både energi og TV-forstyrrelser

Superhøje fællesantenner kombineret med kabel-TV risikerer at blive en bydende nødvendighed over hele landet, hvis vi i de kommende år skal løse dele af vort samlede energiforbrug herhjemme med et udbygget net af vindmøller.

Det har nemlig ved netop afsluttede målingsforsøg på den store Gedser-mølle vist sig, at møllen har stor indflydelse på omgivelsernes mulighed for at se tilfredsstillende TV. Gedsermøllen har givet anledning til billedforstyrrelser, der er stærkt generende op til 100 meter fra møllen og påviselige endnu i 200-300 meters afstand. Tilsvarende har der også kunnet måles forstyrrelser i radio-modtagelsen og møllens snurren har derudover givet støjproblemer 50-100 meter væk.

Til gengæld har der ifølge oplysninger fra Danske Elværkers forening ikke være uheld med fugle ved møllen.

Målingerne .. har omfattet en række forhold af væsentlig betydning ved konstruktionen af vindkraftanlæg. Det gælder således møllens ydelse ved forskellige vindhastigheder og vindretninger, belastningerne på vinger, tårn m.v. samt hurtige ændringer i møllens elektriske ydeevne.

Erfaringerne fra Gedser skal udnyttes både i forbindelse med tilsvarende undersøgelser på amerikanske vindmøller og i planlægningen af et måleprogram med to 630 kilowatt store møller ved Nibe.

Gedser Forsøgsmølle omgivet af måleudstyr samt et meteorologisk tårn.
Foto er fra Gedser Test Group's "Interim Report on the Measurement on the Gedser Wind Mill" - Sept. 1978, Jan. 1979 (udlånt af Gedser Lokalhistoriske Arkiv, der ligeledes har leveret det omfattende og værdifulde udvalg af avisklip).

EXPO 2000 – VERDENSUDSTILLING, HANNOVER

Under overskriften "Menneske-Natur-Teknik" åbnede 1. juni frem til udgangen af oktober verdensudstillingen Expo 2000 i Hannover, Tyskland. Arrangørerne forventede et samlet besøgstal på 40 millioner, heraf omkring 60.000 danskere.

Vognmand i Gedser Ove Jeppesen og hans hustru Joan var af Statoil og DTL blevet inviteret til at se verdensudstillingen i dagene 26-28. oktober 2000. Ove havde kamera med og fik til alt held foreviget præsentationen af det, han husker var et stort samtaleemne på den danske pavillion, nemlig Gedser Forsøgsmølle.

Gedser var fremhævet på den danske stand.

Gedser møllen fra 1957 til 1979 verdens længste levetid med turbine, konstruktionen danner basis for senere generatorer af vindturbiner.

Billederne har Ove efterfølgende sat ind i et fotoalbum og Joan har tastet løs på skrivemaskinen, så de nyttige billedtekster ligeledes er bevaret for eftertiden.

For Ove var Expo 2000 et kærkomment gensyn med Gedser Forsøgsmølle. Ikke kun fordi han er borger på Sydfalster, men også fordi han som vognmand i Gedser havde en andel i den dansk-amerikanske reetablering af Gedser Forsøgsmølle i 1970erne.

"Jeg blev hyret til at køre den nye gearkasse ud til Korsagervej, hvor møllen står. Gearkassen var stor og tung, så det var svært at bugsere bilen. Og helt galt var det ved baneoverskæringen. Her er nedkørslen meget stejl og grusvejen slår et skarpt sving. Bilen krængede under vægten af den tunge gearkasse og var lige ved at vælte."

Ove havde nok at gøre med at manøvrere vognen med den dyrebare last. Et foto af transporten havde ellers været noget af et scoop. Men var gearkassen røget af i det skarpe, stejle sving – var det i forvejen uheldsramte forsøgsprojekt med Gedsermølle blevet yderligere forsinket.

Med en tidsforskydning på godt 40 år viser foto den fortsat stejle nedkørsel. I baggrunden bag markerne ses Husmandskolonien, bestående af fire mindre gårde opført i 1940erne. Samt til venstre på højdedraget rejser Gedser Forsøgsmølle sig majestætisk.

I vinteren 1978/79 blev Danmark ramt af århundredets værste snestorm. Mest sne fik Lolland og Falster, hvor snestormen fortsat går under navnet "Snekrigen".

Også området ved Gedser Forsøgsmølle blev begravet under snemasserne. På foto har vognmand Ove Jeppesen indsat en Salta 1300, der med assistance af en gummiged, får ryddet Korsagervej for meterhøje snedriver. I baggrunden ses Gedser Forsøgsmølle samt til højre det meteorologiske tårn.

Privatfoto, 1979: Ove Jeppesen.

1993 – KOMMUNEN AFVISER FREDNING AF GEDSERMØLLE

I 1993 fik det daværende Elmuseum nu Energimuseet en henvendelse om, at den gamle Gedsermølle fra 1957 nu skulle fjernes. Hvis Energimuseet var interesseret, kunne det få møllehatten med vinger. En fredningssag blev forsøgt rejst. Fredningsmyndighederne var positive, men Sydfalster kommune og ejeren af jorden og møllen ønskede en ny moderne mølle monteret på det gamle mølletårn. Sagde Energimuseet nej, blev møllen skrottet.

Med hjælp fra vindmøllefirmaet Wincon og Risøs Prøvestation for vindmøller blev møllen taget ned og flyttet til Energimuseet i Bjerringbro. Møllen viste sig imidlertid ikke at have det for godt, og især vingerne var i så dårlig stand, at de ikke lod sig udstille. Gennem 10 år samlede Energimuseet penge ind til at renovere de gamle vinger, uden det store resultat. I 2004 lykkedes det endeligt. Elselskabet E2 gav det nødvendige bidrag, og i juni 2005 kunne Energimuseet indvie Gedsermøllen, som et af museets absolut mest betydningsfulde klenodier.

(Kilde: http://www.bjerringbro-avis.dk/default.asp?show=page&id=3836)

Møllehatten og to vinger sættes op på Energimuseet. Den tredje vinge er opmagasineret.
Foto udlånt af Energimuseet.

Stammoderen har overblik over noget af hendes yngel – her Nysted Havmøllepark. Foto: Ove Jeppesen

Stammoderen til vor tids vindmøller har fået ny hat men har ellers ikke rykket sig en tøddel. Hverken fra hendes erhvervshistoriske betydning - eller fra det sted på det vindblæste højdedrag, hvor hun i hendes velmagtsdage – både under Johannes Juuls administration i 1957-1967 og i den dansk-amerikanske forsøgsperiode 1977-1979 – faktisk var i stand til at levere strøm til hele Falster.

Det specielle mølletårn i beton kan ses på flere kilometers afstand, bl.a. over en længere strækning på Gedser Landevej, hvor færgetrafikken dominerer. Tårnets design adskiller sig markant fra de omkringliggende nyere vindmøller – også Nysted Havmøllepark, der på fotos kan skimtes i horisonten.

23

Tårnet fungerer for mange lokale som pejlemærke og som en "forstørret vejrhane", hvor der tages bestik af i hvilken retning vingerne er vendt. På foto nedenfor angiver møllen, at vinden kommer fra det nordvestlige hjørne.

Møllens ekstraordinære fremtoning afstedkommer en del forespørgsler. Derfor denne bog - en erhvervs-orienteret turistbrochure, hhv. på dansk, engelsk og tysk.

Ugeavisen, 29.06.2004:

De 72 havvindmøller ved Nysted producerer årligt ca. 500 kWh, svarende til elforbruget i 110.000 parcelhuse! Det interesserer på ingen måde sælerne i området, som man måske og- så kan få et glimt af på bådudflugten.

Redaktionel rettelse: I billedteksten ovenfor har en skrivefejl indsneget sig. De 72 havvindmøller producerer årligt 500 **G**W.h.

2006 – GEDSER FORSØGSMØLLE PÅ KULTURKANON

I 2005 nedsatte daværende kulturminister Brian Mikkelsen syv udvalg, der gav deres bud på de mest uomgængelige danske kunstværker.

Januar 2006 blev valget af værker offentliggjort. Kulturkanonen består af 108 værker fordelt på kunstarterne arkitektur, billedkunst, design og kunsthåndværk, film, litteratur, populærmusik, partiturmusik, scenekunst og børnekultur.
Kanonen var tænkt som en introduktion til den danske kulturarv. En introduktion, der kunne udgøre et kvalificeret udgangspunkt og grundlag for en fortsat debat om den danske kunst og kultur.

Kulturkanon præsenteret ved kulturminister Brian Mikkelsen. Foto: Keld Navntoft/scanpix

Kulturminister Brian Mikkelsen udtaler:
"Dette er en historisk dag for dansk kulturliv. Jeg er stolt og glad over at kunne præsentere den danske kulturkanon, som de 7 kanonudvalg har lavet. Kanonen er fyldt med fantastiske kunstværker, der vækker glædelig genkendelse, overraskelse og forundring. Kanonen rummer de store værker, der bliver stående i vor bevidsthed, og de skaber desuden en sammenhængende fortælling om, hvordan kunsten har udviklet sig på centrale områder herhjemme.
Kanonudvalgene har lagt et enormt arbejde, fagligt engagement og vovemod i at pege på de værker, alle vi andre nu kan have glæde af." (Kilde: Pressemeddelelse, Kulturministeriet, 24.01.2006)

KANONUDVALGET FOR DESIGN OG KUNSTHÅNDVÆRK:

Merete Ahnfeldt-Mollerup (formand) - Arkitekt, lektor
Ursula Munch-Petersen - Keramiker
Louise Campbell - Designer
Erik Magnussen - Designer og keramiker
Astrid Krogh - Designer

"(..) I udvalget for design og kunsthåndværk blev vi hurtigt klar over, at der var hundredvis af umistelige værker inden for design og kunsthåndværk, der hver især var på niveau med det bedste i verden – og som i øvrigt var usammenlignelige. Hvad er det bedste – en stenøkse, Gundestrupkarret, 'Myren' eller isterningeposerne? Wegners stole eller Christiania-cyklen? Derfor måtte vi vælge. De tolv værker, vi har valgt, fortæller én historie om design i Danmark, men der er værker nok til mange andre kanoner. Vi kunne have fortalt om det gode håndværk, om innovation, om almuekulturen eller bare om Thorvald Bindesbøll. Kunsthåndværk og design er et meget bredt område – vi kunne have lavet en kanon for hver af de fagligheder, der er repræsenteret: grafisk design, tekstiltryk, vævekunst, keramik, møbeldesign, beklædning, smykkekunst, glas, industriel design, spildesign, webdesign, komponentdesign m.fl."

DESIGN OG KUNSTHÅNDVÆRK – KANONVÆRKER:

1. Havhingsten fra Glendalough
2. Flora Danica
3. Thorvald Bindesbølls livsværk
4. Knud V. Engelhardts livsværk
5. Marie Gudme Leths livsværk
6. PH's skærmsystem
7. Testel
8. Gedser Forsøgsmølle
9. Pantonstolen
10. Stol af opskummet polymer
11. Kevihjulet
12. Facadesystem

UDVALGETS BEGRUNDELSE

Af Kanonudvalget

Danmark har i mange år været førende inden for vindmølleteknologi, og det skyldes blandt andet det pionerarbejde, der tidligt blev udført i forbindelse med udviklingen af Gedsermøllen.

I 1950erne var det endnu ikke fuldstændig indlysende, at hovedkilden til energi i Danmark skulle være fossile brændstoffer. Man var endnu ikke kommet sig efter krigstidens rationering, og man havde slet ikke forestillet sig det enorme energibehov, der ville opstå som konsekvens af 1960ernes vækst.

I andre lande blev der satset stort på vandkraft, selv i USA, der dengang havde masser af olie. Derfor er det egentlig ikke underligt, at man i et Danmark, der endnu ikke kendte til Nordsøens olie- og naturgasreserver, gjorde forsøg med udnyttelse af den ressource vi har allermest af: vind. Gedsermøllen pegede ud over de traditionelle små 'klapsejlere' ved at være den første store mølle, der ikke blæste i stykker, og den var første skridt i et udviklingsarbejde, der i dag har ført til en række mølletyper både i Danmark og i udlandet. Næste skridt – i hvert fald symbolsk, var Tvind-møllen, der for en hel generation kom til at repræsentere drømmen om et bæredygtigt energiforbrug.

Mølledesign er et arbejde, der forudsætter et dybt kendskab til statik og vind, og som viser, hvordan design kan være en del af ingeniørfaget, når det er bedst. Møllerne er stille og roligt blevet et symbol på det nutidige Danmark, en væsentlig del af vores kultur, der møder os ved indsejlingen til København, og overalt i landet.

Kilde: Uddrag fra Kulturministeriets præsentation af Kulturkanon – KUM_kulturkanonen_OK2(1).pdf

KULTURKANON – IKKE DET SAMME SOM FREDNING AF VÆRKER

Gedser Forsøgsmølle er placeret syd for Husmandskolonien på Korsagervej. Foto: gahr, 19.04.2015

I forbindelse med research til herværende turistbrochure om Gedser Forsøgsmølle blev Kulturministeriet forespurgt, om indplaceringen af Gedser Forsøgsmølle i Kulturkanon omfatter både tårnet, hat og vinger.

Kulturministeriets svar vedr. Gedser Forsøgsmølle:

"Kulturministeriet kan desværre ikke besvare spørgsmålet om, hvorvidt indplaceringen af Gedser Forsøgsmølle i Kulturkanonen omfatter delelementet "hatten" og tårnets design. Årsagen til det er, at udpegningen af møllen til kulturkanonen blev afgjort af et til lejligheden nedsat udvalg.

Kulturministeriet kan dog oplyse, at Gedser Forsøgsmølle ikke er omfattet af nogen juridisk status qua dens tilstedeværelse i kulturkanonen."

(Kilde: Mail fra Kulturministeriet, 10. april 2015)

I 1993 afviste Sydfalster Kommune at frede Gedser Forsøgsmølle. Heldigvis blev vingerne sikret (foreløbigt) på Energimuseet. I Gedser er en moderne nacelle placeret oven på det oprindelige tårn.

Folketidende, 25.01.2006:

Kanonmølle står i husmandskoloni
Området er sårbart over for ændringer, siger lokal kulturmiljørapport

Af Bjarne Arildsen

Området ved Korsagervej, hvor forsøgsmøllen ved Gedser står, har en særlig historie. Området tilhørte oprindeligt gården Strandgård. Denne gård brændte sidst i 1930erne, og derefter blev jorden udstykket i fire statsmandsbrug. Det skete omkring 1940.
Statshusmandsbrugene blev oprettet efter en lov i 1919. Senere kom der andre love med samme formål:

- De blev gennemført af radikale og socialdemokrater, der ville have bugt med elendigheden på landet. Men husmændene fik på den anden side ikke så meget jord, at de kunne klare sig rigtig godt, fortæller Sven Thorsen, der har skrevet om området i en lokal kulturmiljørapport om Sydfalster.

Karakteristisk miljø
Oprindeligt havde husmandsstederne 11 tønder land jord, men det blev i 1945 suppleret med tre tønder land tillægsjord på den anden side af jernbanen til Gedser.

De fire statshuse – Korsagervej 8, 10, 12 og 14 – blev opført i røde eller gule sten. De har alle bevaret deres driftsbygninger, og ved det ene sted, nr. 8, er der stadig rester af den oprindelige have ved Strandgård.

Husene fremstår som et karakteristisk og velbevaret sted på en sen husmandsudstykning, hedder det i Kulturmiljørapporten for Sydfalster.

Lidt syd for Korsagervej 14 står forsøgsmøllen, der nu er blevet optaget i Brian Mikkelsens kulturkanon under emnet design.
Møllen blev (...) opført for amerikanske Marshall-midler i 1956-57.

I kulturmiljørapporten slår Sven Thorsen fast, at husmandskoloniens struktur er sårbar over for ændringer i området.
Det samme gælder for mølletårnet, der nu fungerer som mølletårn for en nyere vindmølle, skriver han.

Guldborgsund Kommunes liste over fredede bygninger omfatter ikke Gedser Forsøgsmølle.
(Kilde: https://www.kulturarv.dk/fbb/fredningsliste.htm)

I 2014 blev FLS-jævnstrømsmølle ved Gedser Landevej, uvist af hvilke årsager, revet ned og fjernet. Møllen opførtes i 1942 af FL Smidth. Et stykke erhvervshistorie er endegyldigt gået tabt. Foto: gahr, 13.08.2014.

Gedsermøllens hat og vinger er sikret for eftertiden. De er udstillet på Energimuseet.
Foto udlånt af Energimuseet - http://energimuseet.dk/Oplevelser/Udstillinger/Vindkraft.aspx

GEDSER FORSØGSMØLLE

– EN VIGTIG DANSK HISTORIE OM NY TEKNOLOGI

Af Jytte Thorndahl, museumsinspektør på Energimuseet

På vej til et møde i Stockholm i 1974 besøgte de to amerikanere Louis Divone og Joseph Savino Danmark. De havde til opgave at undersøge mulighederne for at indføre vindmøller som alternativ energikilde for den amerikanske rumforsknings institution NASA og den amerikanske videnskabs fond kaldet, NSF.

Deres danske værter havde taget dem med ned for at kigge nærmere på Gedser Forsøgsmølle, som på det tidspunkt var verdens eneste store moderne vindmølle, som havde været i drift i mere end 10 år, uden at den var ødelagt. Møllen var moderne fordi den fremstillede vekselstrøm. Tidligere danske vindmøller havde været jævnstrømsmøller. Da de to amerikanere stod oppe i møllehatten og lænede sig op af den rustne generator fik de øje på noget, og begyndte at le.
Det var Johannes Juuls sikkerhedsrelæ, som bestod af en vandtæt afbryder, der var monteret omvendt med en kugle fastgjort i en snor på til afbryderens kontaktarm og kuglen lå på en lille forhøjning. Hvis der var større

rystelser i vindmøllen ville kuglen falde ned og afbryde strømmen til elnettet. Så ville møllen stoppe. At det var enkelt, billigt og helt genialt, fandt de to ingeniører hurtigt ud af og latteren forstummede og blev til beundring og anerkendelse. Det var netop sådanne løsninger, der var brug for i fremtidens vindmølleteknologi.

Johannes Juuls sikkerhedsrelæ bestod af en vandtæt afbryder, der var monteret omvendt med en kugle fastgjort i en snor på til afbryderens kontaktarm og kuglen lå på en lille forhøjning. Hvis der var større rystelser i vindmøllen ville kuglen falde ned og afbryde strømmen til elnettet. Så ville møllen stoppe.
Foto udlånt af Energimuseet

Det danske koncept

I dag er der ikke nogen, der vil grine af dansk vindmølle teknologi, som i mange år har haft en førende rolle på verdensmarkedet. Og det var i en række år Johannes Juuls design af Gedsermøllen flere af de danske vindmølle producenter holdt sig til, inklusive brugen af det omvendte relæ. Firmaet Siemens (oprindeligt Bonus), der har hovedsæde i Brande, brugte til langt op i 1990erne stadig Juuls design med de tre stall-regulerede vinger, tipbremser og en asynkron motor som generator. I udlandet blev designet med de tre vinger kendt som "det danske koncept".

Gedser Forsøgsmølle udmærkede sig ved sit enkle design med tre stall-regulerede vinger med indbygget bremsetip, der drejede ud og kunne stoppe vindmøllen. Vingerne stod i en fast position og var indstillet så møllen ville stoppe, når det blæste mere end 18 meter i sekundet. En asynkron motor fungerede som generator og vingerne var dimensioneret og stillet, så møllen begyndte af producere el, når det blæste 6 meter i sekundet. En vindfane og en krøjemotor sørgede desuden for, at vindmøllens vinger altid var drejet op mod vinden, klar til at snurre rundt med den bedst mulige position. Et kædegear sørgede for at vingernes kraft blev overført til generatoren.

Johannes Juul var i bund og grund selvlært inden for vindmølle teknologi og aerodynamik. Han deltog som 17-årig i et kursus for landlige elektrikere på Askov Højskole hos professor la Cour, som havde opført Danmarks første vindmølle, der producerede elektricitet i 1891. Juul begyndte sine egne eksperimenter med vindmøller efter 2. verdenskrig, da han var ansat hos det sydsjællandske elselskab, SEAS. Han eksperimenterede først med nogle mindre vindmøller i Vester Egesborg og siden på Bogø.

Bogømøllen. Foto udlånt af Energimuseet.

Hans vindmølle på Bogø havde det samme design som Gedser Forsøgsmølle, som i bund og grund er en opskalering af hans mølle på Bogø. Ligesom la Cour havde gjort det i Askov, eksperimenterede han sig frem til praktiske og innovative løsninger fra bunden af. Hans møller var relativt enkle, robuste og pålidelige.

Gedser Forsøgsmølle blev lige som hans mølle på Bogø udstyret med stag og wirer til forstærkning af vingefanget. Juul fortalte selv, at hans mølle "ikke må rive sig selv i stykker". Møllen skulle helt enkelt være solid og fungere på bedst mulig vis.

Tårn med støttepiller

Inspirationen til det solide mølletårn blev hentet hos de F.L.S. Aeromotorer, jævnstrøms vindmøller, der blev sat op under anden verdenskrig. De var opstillede på betontårne bl.a. fordi der var mangel på stål til ståltårne, og at det var lettere og billigere at skaffe cement i Danmark. De første tårne var uden støttepiller. Men da man fandt store revner i de første tårne, når vingerne havde passeret rundt med stor hastighed, begyndte man i 1942 at støbe støttepiller til op på midten af tårnets højde på fire sider af tårnet. Det er herfra man får designet til tårnet på Gedser Forsøgsmølle.

Foreslog glasfiber til vingespidser – men blev nedstemt

Vi ved fra mødereferater, at Johannes Juul gerne ville have haft et bedre og mere solidt gear til Gedser Forsøgsmølle. Det var der ikke penge til. I dag er gearkasserne også stærkt forbedrede. Han ville også gerne have afprøvet glasfiber som nyt materiale til vingespidserne, men han blev nedstemt i det udvalg, der stod bag opførelsen af vindmøllen. I dag er glasfiber det gængse materiale til fremstilling af møllevinger.

Johannes Juul havde en praktisk og eksperimenterende tilgang til vindmølle konstruktionen. Han arbejdede fra bunden af og opad modsat andre udenlandske mølledesignere i USA og Tyskland. De havde bl.a. studeret aerodynamik og arbejdede mere teoretisk med tilgangen til vindmølle teknologien.

Flere af de udenlandske store vindmøller havde to vinger og var bagløbere, dvs. at de fik vinden ind på bagsiden af vingerne. De fleste danske vindmøllefabrikanter fortsatte i Juuls spor med først at bygge mindre vindmøller, der var driftssikre, før man begyndte at opskalere og bygge større vindmøller. Allerede da der i 1980erne var et stort marked for vindmøller i Californien, udkonkurrerede de danske vindmøller deres amerikanske konkurrenter.

Inspirationen til det solide mølletårn blev hentet hos de F.L.S. Aeromotorer, jævnstrøms vindmøller, der blev sat op under anden verdenskrig. Foto udlånt af Energimuseet.

Tvindmøllen på 2000 KW, som blev bygget af Tvind-skolens lærere og elever og indviet i 1978, havde tre vinger af glasfiber, men var en bagløber inspireret af den tyske professor Ulrich Hüttinger, som også stod bag designet på de store tidligere amerikanske og tyske vindmøller.

Hüttinger og Juul kendte udmærket hinanden, men var slet ikke enige om vindmøllernes design. Juul døde i 1969 og nåede ikke at se, hvor langt hans design fra Gedsermøllen bragte Danmark på vindmølleområdet.

Tvindmøllen på 2000 kW, som blev bygget af Tvind-skolens lærere og elever og indviet i 1978, havde tre vinger af glasfiber, men var en bagløber inspireret af den tyske professor Ulrich Hüttinger, som også stod bag designet på de store tidligere amerikanske og tyske vindmøller. Foto udlånt af Energimuseet.

Juuls fremsynede profetier er gået i opfyldelse

Da vindkraftudvalget i 1962 skulle vurdere vindkraftens fremtidsmuligheder i Danmark var udgifterne til vindkraft for høje i forhold til brug af kraftværker, der brugte kul til fyring. Juul var stærkt uenig i udvalgets konklusioner om, at brugen af vindmøller var for dyr. Juul selv måtte ikke bringe sine egne argumenter på banen om fremtidens muligheder for vindkraften i selve rapporten. Men han bragte sine synspunkter i tidsskriftet Elektroteknikeren. I følge Juul var fordelene ved vindkraft:

1) *Besparelser ved indkøb af udenlandsk brændsel.*
2) *Der opnås reservekraft for dampkraftværkerne, når vejret er blæsende og koldt, og eleforbruget stort på grund af rumopvarmning.*

3) *Bygning af vindkraftværker kan ligesom landvindingsarbejder tilpasses arbejdsmarkedet, navnlig i maskinindustrien.*

4) *Der kan opnås betydelige økonomiske fordele ved at lade danske vindkraftværker arbejde sammen med norsk og svensk vandkraft, fordi de to forskellige naturkræfter kan supplere hinanden ved deres tidsmæssige forekomst i årets løb.*

5) *Dansk industri vil sandsynligvis kunne opnå eksport af vindkraftværker og dele til sådanne til det øvrige Europa og til u-landene.*

I dag ved vi, at Juul havde ret og hans fremsynede profetier er gået i opfyldelse.

Nibe-møllerne på hver 750 kW blev opført i perioden 1978-1980 – på baggrund af bl.a. Gedser Forsøgsmølle. Foto udlånt af Energimuseet.

Gedsermøllen overlevede vindkraftudvalget negative holdning og med stigende kul- og oliepriser i 1970erne valgte man i samarbejde med det amerikanske energiministerium at sætte møllen i drift igen, så den blev renoveret og kørte i 1977-78 for at give materiale og erfaring til fremtidens vindmøller. Samtidig blev det besluttet, at de danske elværker skulle opføre to store vindmøller ved Nibe på baggrund af bl.a. Gedser Forsøgsmølle.

Nibemøllerne på hver 750 kW blev opført fra 1978-1980, og Nibe A var en direkte forbedring og opskalering af Geder Forsøgsmølle, hvorimod man med Nibe B ville eksperimentere med drejelige vinger - dvs. pitchregulerede modsat de stall-regulerede, der var på Nibe A.

Det gav danske ingeniører og teknikere indgående viden og erfaring til brug ved fremtidens vindmøller.

Forsøgene med Nibemøllerne viste bl.a. at stall-regulering ikke var så velegnet til vingerne på de store vindmøller. En række vindmøllefabrikanter brugte dog fortsat de faste stall-regulerede vinger som Juul anvendte på Gedser Forsøgsmølle.

Da verdens første havmøllepark med vindmøller i 1991 blev indviet i Vindeby nord for Lolland, var det med 11 Bonus (i dag Siemens) vindmøller på hver 450 kW, der drejede rundt med stall-regulerede vinger.

Da verdens første havmøllepark med vindmøller i 1991 blev indviet i Vindeby nord for Lolland, var det med 11 Bonus (i dag Siemens) vindmøller på hver 450 kW. Møllerne drejede rundt med stall-regulerede vinger som Juul anvendte på Gedser Forsøgsmølle. Foto udlånt af Energimuseet.

Møllehat og vinger på Gedser Forsøgsmølle blev nedtaget i 1993 og bragt til Energimuseet, hvor de i dag er udstillet til glæde og gavn for museets mange besøgende. På museets område står ligeledes en Riisager vindmølle fra 1978, som blev designet med stærk inspiration fra møllen fra Gedser.

Riisagermøllen har også 3 stall-regulerede vinger med støttende stag samt en asynkron motor som generator. Den har ingen vingebremser men har til gengæld en bremse i form af en parasolfod i cement, som den smider, når møllen bremses. Vingerne fik dog senere også indbygget bremseklapper på bagsiden.

"

Riisagermøllen" fra 1978 er i dag opstillet på Energimuseet. Riisagermøllen blev designet med stærk inspiration fra møllen i Gedser. Når der er vind nok, leverer Energimuseets Riisagermølle stadig elektricitet.

Foto udlånt af Energimuseet

Skoleklasser på Energimuseet

Museet skiftede i 2011 navn fra Elmuseet til Energimuseet. Da omtrent samtlige selskaber i museet bagland havde skiftet navnet el ud med energi valgt museets bestyrelse at gøre det samme. Og vindkraften har lige siden starten haft en central rolle i museets formidling af el og vedvarende energi. Museet ligger ved Danmarks største vandkraftværk, Gudenaacentralen, hvorom der også fortælles på museets mange rundvisninger. Emnerne "vind, vand og sol", "vedvarende energi" og "vindmøller" er ofte emner, som vælges til rundvisning og undervisning.

Derudover tilbyder museet også undervisningsforløb som "Den lille vindmølleingeniør" og "Den store vindmølleingeniør". Under begge forløb bygges, afprøves der og eksperimenteres med vindmøller i mindre grupper. I det ene forløb vælges der vingetype og antal af vinger som monteres på en lille generator, der siden afprøves i museets vindmølletunnel. Vingerne kan også indstilles i forskellige positioner - men skal stå i en fast position under afprøvningen. Resultaterne fra børnenes forskellige forsøg noteres som i en lille fysikrapport, så man bagefter kan sammenligne, hvilken vindmølle der fungerede bedst og hvilken dårligt. Elproduktionen kan ses på antal lamper, der tændes i et lille display. I det andet forløb bygges der både tårn og vinger af papir, tape, skruer og bolte. Børn og unge kan på den vis lære lidt om, hvad det vil sige at eksperimenter og prøve sig frem på samme måde som Johanne Juul arbejdede.

Indledningsvis hører klasserne historien om Johannes Juul og hans vindmøller, og børnene kan se møllehatten og to vinger på Gedser Forsøgsmølle samt kigge ind i møllehatten og se hans omvendte relæ. Samtidig kan de iagttage og høre om Riisagermøllen, som også benytter de fast stillede vinger (stall-regulerede). De der har hørt godt efter efterprøver med held, om Juul havde ret, ved at vælge 3 vinger og en svag skrå stilling på vingerne. Men der er også plads til at vælge en, to, fire, seks eller otte vinger og afprøve helt andre indstillinger af vingerne.

I rundvisningerne lægges der vægt på at fortælle om den eksperimenterende metode, der ligger til grund for Juuls og andre danske vindmølle pionerers arbejde med at udvikle vindmøller til elproduktion. Der er tale om inspirerende historiefortælling, som forhåbentlig kan være med til at skaffe nye forskere og teknikere til fremtidens energiproduktion.

Museet har også en permanent udstilling om den danske vindmøllehistorie fra Poul la Cours første eksperimenter til de moderne havmølleparker, der opføres i dag. Selvfølgelig har også Johannes Juul og hans Gedser Forsøgsmølle en væsentlig placering i udstillingen. Og et stort plus er det, at man kan se selve møllehatten og vingerne på museet. Museet har indsamlet og bevaret arkivmateriale om såvel Gedser Forsøgsmølle, Nibe vindmøllerne som Tjæreborgmøllen samt flere mindre danske vindmøller.

Møllehat og vinger på Gedser Forsøgsmølle blev nedtaget i 1993 og bragt til Energimuseet. Især vingerne var i dårlig stand og lod sig ikke udstille. Først i 2004 lykkedes det museet at få indsamlet penge til at renovere vingerne og dermed indvie Johannes Juuls mesterværk, som et af museets mest værdifulde klenodier. Foto udlånt af Energimuseet.

41

Kildehenvisninger:

Gedser wind turbine. (2014, August 17). In *Wikipedia, The Free Encyclopedia*. Retrieved 06:03, May 27, 2015, from http://en.wikipedia.org/w/index.php?title=Gedser_wind_turbine&oldid=621604600

NASA wind turbines. (2015, May 20). In *Wikipedia, The Free Encyclopedia*. Retrieved 06:07, May 27, 2015, from http://en.wikipedia.org/w/index.php?title=NASA_wind_turbines&oldid=663320645

Gedser Test Group's "Interim Report on the Measurement on the Gedser Wind Mill". September - 1978 1st ed. January 1979 2nd ed.

Kulturministeriets præsentation af Kulturkanon – KUM_kulturkanonen_OK2(1).pdf, downloadet april 2015

Litteratur:

Christensen, Benny og Thorndahl, Jytte: **Fra Husmøller til Havmøller. Vindkraft i Danmark i 150 år.** Energimuseet, Nordisk Folkecenter for Vedvarende Energi, Poul la Cour Museet, Danmarks Vindkrafthistoriske Samling. 2012

Nielsen, Kristian Hvidtfeldt: **International Perspectives on the History of Danish Windpower. In "Wind Power. The Danish Way".** The Poul la Cour Foundation. 2009.

Thorndahl; Jytte: **Gedsermøllen - den første moderne vindmølle.** Elmuseet. 2005.

Thorndahl, Jytte: **Johannes Juul and the Birth of Modern Wind Turbines. In "Wind Power. The Danish Way".** The Poul la Cour Foundation. 2009.